CONSEIL GÉNÉRAL DE MEURTHE-ET-MOSELLE

SESSION D'AVRIL 1913

RAPPORT

PRÉSENTÉ

PAR M. H. CASTARA

CONSEILLER GÉNÉRAL DE LUNÉVILLE-SUD

SUR

LA PROPOSITION DE LOI

PORTANT MODIFICATION

A LA LOI MUNICIPALE DU 5 AVRIL 1884

ET DÉPOSÉE AU SÉNAT

par MM. Ferdinand Dreyfus, Louis Martin, Baudet, Alexandre Bérard, Cordelet, Couyba, Gustave Lhopiteau, Lourties, Martinet, Milliès-Lacroix, Pauliat, Antony Ratier, Sancet, sénateurs.

(Renvoyée à la Commission relative à l'organisation départementale et communale.)

CONSEIL GÉNÉRAL DE MEURTHE-ET-MOSELLE

SESSION D'AVRIL 1913

RAPPORT

PRÉSENTÉ

PAR M. H. CASTARA

CONSEILLER GÉNÉRAL DE LUNÉVILLE-SUD

SUR

LA PROPOSITION DE LOI

PORTANT MODIFICATION

A LA LOI MUNICIPALE DU 5 AVRIL 1884

ET DÉPOSÉE AU SÉNAT

par MM. Ferdinand Dreyfus, Louis Martin, Baudet, Alexandre Bérard, Cordelet, Couyba, Gustave Lhopiteau, Lourties, Martinet, Milliès-Lacroix, Pauliat, Antony Ratier, Sancet, sénateurs.

(Renvoyée à la Commission relative à l'organisation départementale et communale.)

Rapport présenté par M. H. Castara, conseiller général de Lunéville-Sud, sur la proposition de loi portant modification à la loi municipale du 5 avril 1884.

Messieurs,

Dans la séance du 29 août 1912, le Conseil général a bien voulu me charger de lui présenter à la session d'avril un rapport sur le projet de loi déposé par M. le sénateur Dreyfus, le 14 mars 1912, portant modification de divers articles de la loi du 9 avril 1884, sur l'organisation municipale.

M. Ferdinand Dreyfus ayant exprimé le désir que les Conseils généraux soient appelés à émettre un avis sur cette proposition de loi, M. le ministre de l'Intérieur a envoyé, par la circulaire du 10 août 1912, des instructions en ce sens à M. le préfet qui nous a saisis de la question.

Le 29 août dernier, j'avais l'honneur de vous dire, Messieurs, que votre commission d'administration aurait désiré avoir plus de temps pour vous apporter alors un rapport complet et documenté sur cette proposition de modification à la loi de 1884, mais que cependant la présence de M. le sénateur Baudet, maire de Châteaudun et président de la Commission permanente du Congrès des Maires, parmi les signataires du projet de loi, nous était un sûr garant d'une nouvelle étape à franchir dans la voie de l'organisation des libertés et des franchises communales.

Vous avez pensé, Messieurs, que cette loi ne viendrait certainement pas en discussion avant le mois d'avril, et qu'à cette époque vous pourriez, fidèles à vos traditions, donner, en pleine connaissance de cause, l'avis éclairé qui est sollicité de votre prudence et de votre expérience.

Et j'avoue, pour ma part, que cet ajournement aura eu du moins l'avantage de pouvoir verser aux débats des documents importants et décisifs, dans lesquels votre rapporteur sera heureux de pouvoir puiser à pleines mains.

Messieurs,

Avant d'aborder l'étude des différents articles de la proposition de loi dont il s'agit, je crois bon de jeter un rapide coup d'œil :

1° Sur les progrès déjà accomplis par la loi du 5 avril 1884, dans la voie des libertés communales ;

2° Sur l'intérêt qu'il peut y avoir à modifier certains articles de cette loi, dans un but de décentralisation et de déconcentration ;

3° Et enfin sur l'économie générale des modifications proposées.

1° Loi du 5 avril 1884.

Il est intéressant de signaler que dès la fin du second Empire les idées de *décentralisation* avaient repris une vigueur inconnue jusqu'alors, et qu'un certain nombre d'esprits libéraux s'étaient réunis *à Nancy* pour discuter les questions qui touchaient aux libertés locales. En 1865, ils publièrent leur projet de décentralisation. On conservait la personnalité des communes, mais on laissait la nomination du maire au Gouvernement, à condition qu'il fût choisi dans le sein du Conseil municipal, par la raison que le maire avait le double caractère de mandataire de la commune et d'agent de l'État (1).

La loi du 14 avril 1871 décida, dans son article 9, que les maires et adjoints seraient élus par les conseils municipaux sauf dans les villes de plus de 20.000 âmes, et dans les chefs-lieux de département et d'arrondissement où, provisoirement, les maires et adjoints seront nommés par décret parmi les conseillers municipaux.

En 1874 une nouvelle loi, votée le 20 janvier, décidait que le Président de la République nommerait les maires dans tous les chefs-lieux de canton, le préfet, dans les autres communes.

Une autre loi fut votée le 12 août 1876. Ces lois n'ont guère avancé dans le sens de la décentralisation. — L'État est resté investi à peu près des mêmes droits d'ingérence universelle et de tutelle (2).

Enfin, une loi du 28 mars 1882 restitua aux conseils municipaux la nomination des maires dans les chefs-lieux de département, d'arrondissement et de canton.

La loi du 5 avril 1884 était en préparation. — Nombreux étaient les textes, les dispositions concernant le régime et l'administration des communes, il fallait les codifier.

Nombreuses étaient les lacunes, il fallait les combler.

Nous n'analyserons pas la loi de 1884 ; elle est trop connue de vous tous, Messieurs, elle a fait des preuves ! Mais comme toute œuvre

---

(1) *Pandect.* fr. v° Commune, n° 419.

(2) *Ibid.*, n°s 421-422.

humaine elle doit, à mon sens, se prêter aujourd'hui aux nécessités actuelles et aux idées de progrès qui, depuis un quart de siècle, soufflent sur les individus et les collectivités.

Pour bien apprécier les modifications proposées par M. le sénateur Dreyfus, il importe de se rendre un compte exact du but et de l'esprit dans lesquels était conçue la loi de 1884, dont on demande la révision partielle et pour cela, nous ne pouvons mieux faire, semble-t-il, que de rappeler les paroles mêmes de M. de Marcère, rapporteur de cette loi :

« La cohésion de toutes les forces et de toutes les volontés, la concentration de la puissance publique, sont plus nécessaires à la France que partout ailleurs. Ce besoin répond à une tendance de race, qui la porte vers l'unité et l'uniformité en toutes choses : il répond plus encore a un instinct de conservation, au souci constant de son indépendance territoriale, préoccupation que sa situation géographique fait peser sur elle. — L'organisation financière militaire, politique de notre pays est formée dans cette vue de sécurité, et tend à ce but.

« La commune constitue un être moral qui a des droits à exercer et des intérêts à gérer. Elle peut le faire librement. — (?) Veut-on appliquer à cet état le mot d'autonomie ? Soit — La commune sera autonome, comme le citoyen est indépendant dans la plénitude de ses facultés, mais en restant soumis aux lois et en subissant l'application des principes du droit public qui s'étend à tous les Français. Mais si les communes sont dépendantes des lois générales, il faut que le pouvoir central ait des garanties contre elles, des moyens de les faire rentrer dans la règle, lorsqu'elles s'en écartent. La prétention de concilier dans les mots des choses inconciliables dans les faits, n'est pas de mise dans les affaires du Gouvernement. »

C'est dans cet esprit que la loi de 1884 instituait l'élection des maires dans toutes les communes de France, diminuait la tutelle administrative, organisait la publicité des séances et des commissions permanentes, autorisait les sessions extraordinaires et facilitait à tous les citoyens la participation aux affaires publiques. Et depuis 1884 elle a été modifiée sur plusieurs points de détail, toujours dans un sens libéral et décentralisateur, par une série de lois intéressantes : loi du 22 mars 1890, loi du 4 février 1901, loi du 7 avril 1902 et du 8 janvier 1905.

2° Faut-il modifier aujourd'hui la loi de 1884 dans un but de décentralisation et de déconcentration ?

Décentralisation ? Déconcentration ? Quelle différence, me direz-vous, entre ces deux termes qui semblent synonymes puisque tous deux paraissent être le contraire de centraliser ou de concentrer? Et quel est ce mot barbare de *déconcentration?* Il faut pourtant nous entendre, une bonne fois pour toutes, puisque ces deux expressions reviendront plusieurs fois dans le cours de cet exposé.

Voici la définition que donne M. Arthur Girault, maire de Mignaloux-Beauvoir, professeur à la Faculté de Droit de Poitiers.

« Quand on enlève une attribution aux représentants du pouvoir central pour la confier à une assemblée locale élue, on fait de la *décentralisation*. La création de la Commission départementale en 1871, la loi Goblet sur l'élection des maires en 1882 ont été d'importantes mesures de *décentralisation*.

« Faire de la *déconcentration* c'est tout simplement confier à un agent du pouvoir central plus rapproché, l'attribution qu'exerçait auparavant un agent du pouvoir central plus éloigné. C'est, par exemple, attribuer au préfet la solution d'une affaire qui était auparavant réservée au ministre, ou confier au sous-préfet le rôle qui était joué antérieurement par le préfet. »

Ceci posé, revenons à la question : Faut-il modifier la loi de 1884 ?

Les desiderata exprimés par les différents congrès des maires de France permettent de répondre hardiment dans le sens de l'affirmative.

Si les conseils généraux sont saisis de la proposition de loi de M. F. Dreyfus, tous les conseils municipaux ont été également consultés, et ont eu à répondre au questionnaire de M. Paul Meunier, député, rapporteur de la Commission d'administration générale de la Chambre. — Et nous pouvons dire que l'ensemble des réponses données, du moins celles dont nous avons pu avoir connaissance, sont favorables au principe d'une modification.

Je sais bien que certains, se souvenant que souvent la peur d'un mal nous fait tomber dans un pire, désireraient que l'on n'avançât qu'avec une extrême prudence, et préféreraient encore le *statu quo* à des expériences qui pourraient être fâcheuses.

Mais, nous le verrons dans un instant, si dans le projet Dreyfus, il est des propositions... hardies, il en est d'autres qui ne pourront à coup sûr qu'apporter un remède prompt et efficace à des situations que tous les administrateurs communaux déplorent amèrement.

Parmi ces derniers, il en est cependant, il faut bien le dire, qui ne cessent de réclamer des libertés nouvelles, et qui ne connaissent même pas l'étendue de celles dont ils peuvent disposer. Et M. le préfet ne me démentira certainement pas, si j'avance que, bien des fois, des maires lui ont demandé des autorisations dont ces mêmes maires avaient le droit de se passer. Et c'est encore M. Girault, que j'ai cité plus haut, qui déclare avec infiniment de clairvoyance et d'esprit : « Que la commune, qui a été opprimée pendant des siècles, ne soit pas encore arrivée, au bout de 28 ans, à reprendre pleinement conscience de sa force et de son droit, cela n'a rien de surprenant. — Puis la tutelle administrative est un oreiller si doux pour les maires qui n'ont qu'à se laisser guider, que beaucoup d'entre eux ne se soucient pas d'une liberté qui accroîtrait leurs soucis et leurs responsabilités. — Mais c'est là une raison de plus en faveur de la réforme. Il faut leur arracher l'oreiller pour les forcer à se relever. Si les mœurs influent sur la vie des lois, les lois réagissent à leur tour sur les mœurs. Le meilleur moyen d'apprendre à quelqu'un à nager est, dit-on, de le jeter à l'eau. Quand les communes comprendront que le pouvoir central entend les laisser se débrouiller toutes seules, et qu'elles n'ont plus à compter sur lui, elles finiront bien par prendre l'habitude, puis le goût de faire elles-mêmes leurs affaires, sans rien demander à personne. »

Et M. Herriot, sénateur, maire de Lyon, déclarait au dernier congrès des maires : « M. Paul Meunier soutient avec raison que le régime napoléonien nous écrase encore — que le Gouvernement en est lui-même accablé et qu'une centralisation rigoureuse paralyse les meilleures initiatives, — nous pouvons bien déclarer qu'avec le rapporteur de la Chambre, nous pensons que le développement des mœurs et l'éducation publique permettent d'émanciper les communes d'une lourde tutelle administrative ; comme lui, nous estimons que, en règle générale, les décisions du pouvoir électif local devraient être exécutoires sans qu'il fût nécessaire de les soumettre à une autorité supérieure qui n'a pas le caractère électif. »

Nous n'irons certes pas aussi loin que M. le maire de Lyon. Tous les maires n'ont pas son intelligence et son érudition, et nous pensons, au contraire, que, s'il faut *émanciper* les communes, il ne faut pas cependant, dans leur intérêt bien compris, les priver d'une façon absolue, du *curateur* bienveillant et éclairé.

Il résulte donc de ce qui précède que des réformes s'imposent et que ces réformes seront bien accueillies si elles reposent sur des idées de décentralisation et de déconcentration, donnant également aux communes plus d'indépendance et de liberté dans la gestion des affaires locales. Mais je m'en voudrais cependant, au cours de cet exposé que je désire avant tout *impartial*, de ne pas citer les paroles de M. L. de Sancy de Rolland, ancien maître des requêtes au Conseil d'État, maire de Paluel (Seine-Inférieure) :

« On peut améliorer, on trouvera toujours matière à améliorer la législation municipale. Mais la réforme essentielle, l'émancipation légale des communes n'est pas à faire, elle est faite. Il est même permis de penser qu'elle a atteint, à bien peu de chose près, ses frontières naturelles, celles qui ne sauraient être dépassées, sans empiéter d'une part sur les droits privés, et d'autre part sur les droits non moins intangibles de la puissance publique et de l'État. Gardons-nous, gardons notre pays de deux maux dont assez d'exemples anciens ou récents ont signalé les effets délétères : tyrannie locale et désagrégation. — Du premier, naît fatalement le second : et cet autre danger est assez sérieux pour qu'on y songe, à une heure surtout où éclatent à tous les yeux la nécessité et l'impérieux devoir de préserver de toute atteinte et de maintenir dans toute sa force la solidarité nationale » (1).

3° Économie générale des modifications proposées, par M. F. Dreyfus.

Les auteurs du projet s'expriment ainsi (2) :

« Les idées directrices de ces dispositions nouvelles sont les suivantes :

1° Rendre exécutoires de plein droit et sans approbation de l'autorité supérieure un certain nombre de délibérations des conseils municipaux, de façon à *élargir leurs attributions*, à *étendre leur compétence* et à *diminuer la tutelle* administrative ;

2° Transférer du pouvoir central aux préfets un certain nombre d'attributions relatives, notamment à l'approbation des budgets communaux et aux traités de gré à gré ;

---

(1) L. de Sancy de Rolland, *La réforme de la Loi municipale*.

(2) *Journal officiel* du 30 avril 1912 (Doc. parl.).

3° Faire descendre des préfets aux sous-préfets le pouvoir de statuer sur un certain nombre d'objets intéressant les communes, de façon à rapprocher l'Administration des administrés, et affranchir les citoyens des formalités reconnues inutiles ;

4° Favoriser les associations de communes en vue d'organiser le service de la police rurale et le fonctionnement des secrétariats de mairies.

Il s'agit, en résumé, de développer progressivement les capacités propres des communes et d'établir un peu plus de logique et de simplicité dans les relations entre les fonctions et les attributions qui s'y rattachent.

Cet exposé est suffisamment clair et explicite pour que nous nous permettions d'y ajouter un seul mot.

Abordons maintenant résolument l'étude des différentes modifications proposées.

Études des modifications insérées dans la proposition de loi.

Tout d'abord, disons qu'il ne s'agit pas d'une refonte complète, d'un anéantissement de la loi municipale de 1884, mais seulement de modifications proposées à trente-neuf articles seulement sur les 180 que comporte la loi actuelle. C'est ce qu'indique l'article unique.

Art. 1. — Le corps municipal de chaque commune se compose du Conseil municipal, du maire et de plusieurs adjoints.

L'article 1 de la loi de 1884 disait : le corps municipal se compose du Conseil municipal, du maire et d'un ou plusieurs adjoints.

Chaque commune aurait donc plusieurs adjoints (Voir article 73 ci-après).

Art. 2. — Cet article supprime la consultation du Conseil d'État pour le changement de nom d'une commune, un simple décret suffira. — Une disposition nouvelle stipule que le changement de nom des sections résulte d'une délibération du corps municipal approuvée par le préfet.

Art. 3. — L'article 3 de la loi de 1884 était ainsi conçu : Toutes les fois qu'il s'agit de transférer le chef-lieu d'une commune, de réunir plusieurs communes en une seule ou de distraire une section de commune, soit pour la réunir à une autre, soit pour l'ériger en commune séparée, le préfet prescrit dans les communes intéressées une enquête sur le projet en lui-même et sur ses conditions. Le préfet devra ordonner cette enquête, lorsqu'il aura été saisi d'une demande à cet effet, soit par le Conseil municipal de l'une des communes intéressées, soit par le tiers des électeurs inscrits de la commune ou de la section en question. Il pourra aussi l'ordonner d'office. Après cette enquête les conseils municipaux et les conseils d'arrondissements donnent leur avis et la proposition est soumise au Conseil général.

La seule modification est de transporter au sous-préfet le droit de prescrire l'enquête s'il s'agit de communes appartenant au même arrondissement. Le préfet restera chargé de prescrire cette enquête s'il s'agit de communes appartenant à des arrondissements différents.

Art. 4. — Transporte également du préfet au sous-préfet le droit de créer une commission syndicale appelée à donner son avis sur les projets de l'article 3.

Art. 5. — Érection d'une nouvelle commune — actuellement il faut une loi — après avis du Conseil général et le Conseil d'État entendu.

Le projet ne comporte qu'un simple décret, après avis du Conseil général.

Art. 6. — C'est toujours une loi qui statuerait sur les changements modifiant la circonscription du département, d'un arrondissement ou d'un canton. Dans les autres cas, décret simple après avis du Conseil général, s'il y a désaccord entre les communes ou sections. — Le Conseil général est compétent s'il y a accord entre les intéressés.

Art. 7, 8, 9, 10, 11, 12. — Sans changement.

Art. 13. — Transporte du préfet au sous-préfet le droit de diviser la commune en plusieurs bureaux de vote.

Art. 14. — Sans changement.

Art. 15. — Transporte du préfet au sous-préfet le droit de convoquer l'assemblée des électeurs dans tous les cas autres que celui du renouvellement des conseils municipaux.

Art. 16 à 40. — Sans changement.

Art. 41. — Les conseils municipaux seraient nommés pour six ans, et non plus pour quatre ans seulement.

Ce système a ses défenseurs comme il a ses adversaires(1).

---

(1) Le législateur a fréquemment changé d'opinion sur la durée qu'il convenait d'accorder au mandat des conseillers municipaux.

Cette durée fut fixée :

A 2 ans, par l'article 42 de la loi du 14 décembre 1789 ;

Ceux-ci disent : « A quoi bon prolonger de deux ans le mandat d'un conseiller municipal ? Est-il bien démocratique de consulter le suffrage universel à des intervalles de plus en plus longs? Obliger les habitants d'une commune à conserver pendant six ans une municipalité qui a cessé de leur plaire et qui fait tout le contraire de ce qu'ils voudraient, n'est-ce pas excessif? On dira sans doute qu'il est fâcheux qu'une municipalité change trop souvent. Mais de deux choses l'une : ou bien la municipalité a conservé la confiance de la population et alors elle n'a rien à redouter des consultations fréquentes de l'opinion. Ou bien les actes de la municipalité ont indisposé la population, et alors il est désirable que cette municipalité disparaisse (1). »

Autre son de cloche : « L'espace de quatre ans est nettement insuffisant pour réaliser un programme municipal de quelque importance. Concevoir ce programme, le faire établir par l'Administration municipale, le faire approuver par l'Assemblée communale, le faire revêtir des innombrables formalités exécutées au milieu de très grandes difficultés de fait qui accompagnent au moins les travaux publics, liquider les comptes, c'est une série d'opérations qui ne peut guère être accomplie dans le délai de quatre ans. Provoquée dans ces conditions, la consultation électorale manque de clarté, elle se fait dans des conditions qui habituent bien lentement le public français à juger ses administrateurs sur la façon dont ils ont traduit en actes leurs idées. Dans plus d'une commune, elle confère à la vie municipale un caractère d'agitation qui serait meurtrier pour les entreprises privées, qui ne peut être favorable pour des œuvres publiques. Les droits apparents de l'électeur peuvent gagner au

---

A 1 an, par la Constitution du 5 fructidor an VIII ;
A 3 ans, par l'article 20 de la loi du 28 pluviôse an III.
A 10 ans, par l'article 12 du sénatus-consulte organique du 16 thermidor an X ;
A 10 ans encore, par l'article 2 de l'ordonnance du 13 juin 1816 ;
A 6 ans, par l'article 17 de la loi du 21 mars 1831 ;
A 5 ans, par l'article 8 de la loi de 1855 ;
A 7 ans, par l'article 8 de la loi du 24 juillet 1867 ;
A 3 ans, par l'article 8 de la loi du 14 avril 1871 ;
A 4 ans, enfin, par l'article 41 de la loi du 5 avril 1884.
(Extrait du rapport de M. le Dr Valentino sur la réforme administrative.)

(1) A. Girault, déjà cité. *La Municipalité française au 29 septembre 1912*.

mandat de quatre ans, ses intérêts sont mieux protégés par le mandat de six ans (1). »

Je n'hésite pas pour ma part, et par expérience personnelle, à me rallier absolument à ce dernier avis qui est aussi celui du Congrès des Maires et du Congrès de l'Association nationale des Maires de France.

Art. 42, 43. — Sans changement.

Art. 44. — Transporte du Président de la République au préfet le droit de nommer les délégations municipales.

Art. 45 à 59. — Sans changement.

Art. 60. — Les démissions des conseillers municipaux seront acceptées par le sous-préfet et non plus par le préfet.

Art. 61 à 67. — Sans changement.

Art. 68. — Ne seront exécutoires qu'après avoir été approuvées par l'autorité supérieure les délibérations portant sur les objets suivants :

1° Les conditions de baux dont la durée dépasse *trente-six ans* (au lieu de dix-huit ans) ;

2° Les aliénations et échanges de propriétés communales comme maintenant, mais la proposition limite l'approbation de l'autorité aux cas suivants :

a) Quand il s'agit de propriétés affectées à un service public ;

b) Quand la valeur desdites propriétés est supérieure à 20 centimes additionnels et dépasse 50.000 francs ;

c) Quand la valeur de ces propriétés, jointe à celle des biens qui auraient été aliénés ou échangés depuis cinq ans, dépasse 20 centimes ou 50.000 francs ;

3° Les acquisitions d'immeubles, les constructions nouvelles, les reconstructions entières, etc..., sans modification ;

4° Les transactions. La proposition de loi ajoute : portant sur des immeubles affectés à des services publics, ou sur des objets dont la valeur dépasse 20 centimes ou excède 50.000 francs.

Les autres alinéas de cet article ne subissent aucune autre modification que les suivantes :

Les conseils municipaux seraient souverains pour décider le changement d'affectation d'une propriété communale déjà affectée à un service public.

(1) Congrès des Maires de France, 1912. Rapport de M. le maire de Lyon.

Et la création des promenades, squares ou jardins publics ne nécessiterait plus d'approbation préfectorale, non plus que la création ou la suppression des champs de foire, de tir ou de course.

Nous croyons intéressant de mettre sous les yeux de nos collègues, à propos de la nouvelle rédaction de cet article 68, le vœu exprimé par l'Association nationale des Maires de France, lors du dernier congrès de novembre 1912.

Il répondait au n° 6 du questionnaire de M. Paul Meunier :

Il y a quelques distinctions à établir au sujet des diverses affaires énumérées dans cette question. Puisque nous avons posé en principe que nous conservons la tutelle administrative, il y a lieu de la maintenir en ce qui concerne les affaires *engageant l'avenir budgétaire et financier,* et de la supprimer totalement en ce qui touche les délibérations relatives aux affaires qui n'offrent seulement qu'un intérêt présent. Nous proposons donc la rédaction suivante de l'article 68.

Art. 68. — Ne sont exécutoires qu'après avoir été approuvées par l'autorité supérieure les délibérations portant sur les objets suivants :

1° Les conditions de baux dont la durée dépasse dix-huit ans;

2° Les aliénations et échanges de propriétés communales;

3° Les acquisitions d'immeubles, les constructions nouvelles, les reconstructions entières ou partielles, les projets, plans et devis des grosses réparations et d'entretien, quand la dépense totale ne peut être couverte avec les ressources que le Conseil municipal peut souverainement voter;

4° Le changement d'affectation d'une propriété communale déjà affectée à un service public, étant stipulé que la suppression du service public ou de l'emploi du fonctionnaire qui l'occupait entraîne par elle-même la désaffectation ;

5° L'acceptation des dons et legs faits à la commune lorsqu'ils donnent lieu à des réclamations des familles;

6° Le budget communal lorsqu'il engage les finances communales au delà de la durée du mandat du Conseil municipal qui le vote, abstraction faite des emprunts antérieurement approuvés;

7° Les crédits supplémentaires dans les mêmes conditions;

8° Les contributions extraordinaires et les emprunts qui engagent les finances de la commune au delà de la durée du mandat du Conseil municipal;

9° Les octrois dans les cas prévus aux articles 137 et 138 de la présente loi ;

10° L'établissement, la suppression ou les changements des foires et des marchés autres que les simples marchés d'approvisionnement ;

11° Et toutes autres délibérations soumises à approbation en vertu d'un texte législatif.

Les délibérations qui ne sont pas soumises à l'approbation préfectorale ne deviendront néanmoins exécutoires qu'un mois après le dépôt qui aura été fait à la préfecture ou à la sous-préfecture. Le préfet pourra, par un arrêté, abréger ce délai.

Art. 69 à 72. — Sans changement.

Art. 73. — Le nombre des adjoints serait augmenté.

Il y a actuellement :

1 adjoint dans les communes de moins de 2 500 habitants ;

2 adjoints dans les communes de 2 500 à 10 000 habitants ;

En plus, 1 adjoint pour chaque excédent de 25 000 habitants.

Le projet prévoit :

2 adjoints dans les communes de moins de 1 000 habitants ;

3 adjoints dans les communes de 1 001 à 5 000 habitants ;

4 adjoints dans les communes de 5 001 à 10 000 habitants ;

5 adjoints dans les communes de 10 000 à 20 000 habitants ;

Plus 1 adjoint par excédent de 25 000 habitants.

Exemple : Nancy aurait 9 adjoints, Lunéville aurait 5 adjoints.

Disons de suite que :

L'Article 75 est ainsi modifié : L'institution des adjoints *spéciaux* serait dorénavant décidée par arrêté préfectoral sur la demande du Conseil municipal et non plus par décret rendu en Conseil d'État.

Ces modifications proposées aux articles 73 et 75 ont donné lieu à certaines critiques, et j'entends encore un de nos collègues s'écrier à la séance du Conseil général du 29 août dernier : « Alors tout le monde sera adjoint ! » Non certes, n'exagérons rien, mais reconnaissons cependant avec les auteurs du projet de loi que bien souvent, sous l'empire de la loi actuelle, le nombre des adjoints est par trop restreint. Est-ce à dire pour cela qu'il faille en principe en augmenter le nombre partout? Nous ne le prétendons pas davantage, et vous me permettrez, mes chers Collègues, de vous citer encore une fois l'opinion de M. le professeur Girault (1) : « En

(1) *La Municipalité française du 29 septembre 1912.*

ce qui concerne les adjoints, il est certain qu'il y a quelque chose à faire. Si dans la plupart des communes on ne se plaint pas, il y en a, par contre, certaines dans lesquelles le nombre des adjoints est considéré comme insuffisant. Ainsi à Poitiers lorsque le nombre des adjoints, qui était de trois avant 1884, s'est trouvé réduit à deux, les hommes qui étaient au courant des besoins de l'Administration municipale ont estimé en général que c'était trop peu, et l'opinion a considéré comme un fait heureux que l'accroissement de la population ait entraîné le rétablissement d'un troisième poste d'adjoint. Le nombre d'adjoints dont une commune a en réalité besoin n'est pas déterminé uniquement par le chiffre de ses habitants. Je prends un exemple : voici une commune de 1 000 habitants, mais dont le territoire est peu étendu. Le maire habite au milieu du bourg, sur la place, à côté de la mairie. Ce maire est un rentier ou un retraité qui ne s'absente guère, il n'a rien à faire et il est heureux d'occuper ses loisirs en les consacrant à la gestion des affaires communales. Dans ce cas, un adjoint suffit facilement. Supposez, par contre, une commune également de 1 000 habitants mais très étendue, le maire habite dans une maison isolée, à l'extrémité de la commune, ou bien encore, le maire est un commerçant que le souci de ses affaires personnelles oblige à de fréquents voyages. Dans ce cas deux adjoints ne seront pas de trop. »

En raison des explications qui précèdent nous serions tenté de vous demander, Messieurs, de vouloir bien vous rallier à la conclusion adoptée par le Congrès de l'Association nationale des Maires de France, et qui est la suivante :

« Le législateur devra fixer, d'après la population, un nombre maximum d'adjoints par commune. Les conseils municipaux, après l'élection du maire, seront libres, dans les limites de ce maximum, de nommer le nombre des adjoints qu'ils estimeront devoir donner comme collaborateurs au maire. »

Art. 76 à 80. — Sans changement.

Art. 81. — Le sous-préfet et non plus le préfet aurait qualité pour accepter la démission des maires et adjoints.

Art. 82 à 84. — Sans changement.

Art. 85. — Le sous-préfet pourrait nommer un délégué spécial pour assurer l'exécution d'actes que le maire refuserait d'exécuter

Actuellement, le Préfet seul a ce pouvoir.

Art. 86, 87. — Sans changement.

Art. 88. — M. Ferdinand Dreyfus a été également préoccupé de donner satisfaction par la revision de l'article 88 à un certain nombre d'idées qui se sont manifestées dans ces dernières années. Aux termes de cet article, le maire nomme, suspend et révoque les titulaires de tous les emplois communaux. En droit strict, son autorité est absolue : il est vrai que cette autorité doit être grande, étant donnée la responsabilité qui pèse sur les maires du fait des articles 89, 90, 91, 92, 93, 94, 95. Les adjoints eux-mêmes ne supportent aucune part de cette responsabilité. Il apparaît cependant, et certaines expériences autorisent à croire qu'il n'est pas impossible de concilier l'autorité du maire avec les garanties justement réclamées par un personnel dont la tâche est de plus en plus lourde, complexe et technique. La solution proposée par M. Ferdinand Dreyfus pourra servir d'indication en vue d'une solution de ce difficile problème (1).

Le nouvel article 88 prévoit que nul ne pourra être nommé secrétaire de mairie s'il ne réunit toutes les conditions d'aptitude qui seront déterminées par un règlement d'administration publique.

Leur suspension ou leur révocation ne pourrait plus être prononcée que par un arrêté motivé, pris sur l'avis conforme du Conseil municipal, donné au scrutin secret.

Le secrétaire ou employé de mairie privé de son emploi pour d'autres motifs que des motifs d'ordre professionnel, aurait droit à une pension calculée sur le temps de ses services dans la commune, à raison d'un soixantième de son traitement par année de service. En cas de contestation, l'action serait portée devant le Conseil de préfecture, sauf appel au Conseil d'État (2).

---

(1) Rapport de M. Herriot, sénateur, maire de Lyon.

(2) Par délibération en date du 23 janvier *1908*, le Conseil municipal de Lunéville, se basant sur un vœu exprimé par le Congrès des Maires tendant à ce qu'à bref délai un conseil de discipline ou un tribunal arbitral soit constitué dans chaque ville, avait voté un règlement dont nous extrayons les articles suivants :

Art. 12. — Les peines applicables au personnel des bureaux sont :

1° La réprimande par le secrétaire général ;

2° La réprimande par le maire ;

3° La rétrogradation à une classe inférieure ;

4° La révocation.

« La révocation ne poura jamais être prononcée sans que l'agent incriminé n'ait éte

Plusieurs conseils municipaux pourraient se mettre d'accord pour rémunérer à frais commun un secrétaire unique.

Le règlement d'administration publique déterminerait les conditions de la nomination, du paiement et de la révocation de cet employé.

Tout en approuvant le principe des modifications proposées dans cet article, il me semble cependant qu'il ne faudrait pas le faire *sans réserves*. Car on nous dit bien que le maire devra choisir ses

---

entendu par une commission composée du maire, des adjoints et de deux conseillers municipaux désignés au début de chaque année.

« Elle fera l'objet d'un arrêté motivé qui pourra être déféré devant le tribunal arbitral dont il est parlé à l'article suivant :

Art. 13. — Les secrétaire général, chefs de bureau et employés qui seraient révoqués ou licenciés pour des raisons étrangères à leurs services professionnels, c'est-à-dire sans une faute grave reconnue par un tribunal arbitral composé de :

1° Président : le président ou le vice-président du Conseil des prud'hommes ;

2° Deux conseillers municipaux choisis, l'un par le maire, l'autre par l'employé ;

3° Deux secrétaires de mairie de ville ou commune de même catégorie dans le département ou département limitrophe, dont l'un choisi par le maire et l'autre par l'employé ;

4° D'un conseiller patron et d'un conseiller employé choisis par le maire et l'employé dans le Conseil des prud'hommes,

auront droit aux indemnités de retraite suivantes :

1° S'ils comptent de trois à dix ans de services, à une indemnité de trois années de traitement ;

2° Après dix ans de services, à une retraite proportionnelle liquidée en comptant les années effectives majorées de dix ans ;

3° Après vingt ans de services, à la retraite calculée sur le traitement le plus fort affecté à l'emploi par le règlement.

Le tribunal arbitral ne pourra jamais refuser aux parties les enquêtes ou expertises qu'elles jugeraient utiles à leur défense ou leur justification.

Les frais de déplacement et d'enquête seront à la charge de la partie qui succombera.

Ce règlement ne fut pas approuvé par l'autorité supérieure qui fit répondre que, dans l'état actuel de la législation, le maire nomme et révoque sous sa seule responsabilité, et qu'il y avait lieu de retrancher du règlement projeté tout ce qui concerne l'institution d'un tribunal arbitral.

Cette question fut de nouveau soumise au Conseil municipal les 8 novembre et 13 décembre 1910, qui décida notamment que :

Art. 20. — Aura droit à pension proportionnelle s'il compte au moins douze ans de services, tout employé qui serait révoqué, privé de son emploi, s'il n'est constitué un déficit pour détournement de deniers ou de matières, ou s'il n'est convaincu de malversations, d'inconduite ou de refus d'obéissance.

secrétaires parmi ceux réunissant les conditions d'aptitude exigées par un règlement d'administration publique *à intervenir*, mais on ne nous dit pas quelles seront ces conditions, et il ne faudrait pas quelles fussent telles qu'un secrétaire de mairie devienne peu à peu aussi introuvable qu'actuellement un juge suppléant. Et puis si l'on exige tant de conditions d'aptitude d'un secrétaire de mairie, ses prétentions s'en ressortiront et ne seront pas toujours à la portée des ressources de certains petits budgets communaux. Les auteurs de la loi l'ont compris, et prévoient déjà que plusieurs communes seront obligées de se réunir pour pouvoir faire face aux exigences du futur secrétaire agréé, breveté avec garantie du Gouvernement.

Il y a là un écueil que nous devions signaler, comme il y aura un écueil pour plusieurs communes à avoir un même secrétaire : si, par hasard, deux de ces communes voyaient s'élever entre elles une rivalité d'intérêts, quelle serait la situation du secrétaire unique et combien son rôle serait délicat. Et si l'une des deux communes devait alors remercier ledit secrétaire, il faudrait lui servir une pension.

Il me semble que cette question aura besoin d'être approfondie par nos législateurs qui sauront, j'en suis convaincu, trouver le moyen de concilier l'intérêt très légitime des secrétaires de mairie, et celui, non moins légitime et non moins digne de leur sollicitude, des maires et des caisses communales (1). Et la meilleure solution serait peut-être encore le *statu quo*.

Art. 89 à 94. — Sans changement.

Art. 95. — Le sous-préfet pourrait, à l'avenir, suspendre l'exécution des arrêtés municipaux pour trois mois, sauf recours au préfet. Sa décision devrait être motivée.

Comme aujourd'hui, le préfet pourrait en tout temps suspendre ou annuler ces arrêtés, mais par décision motivée.

Leur exécution immédiate qui nécessite aujourd'hui une décision du préfet, pourrait être autorisée par le sous-préfet.

---

(1) Il ne faut pas perdre de vue, non plus, qu'un secrétariat de mairie constitue souvent une ressource bien précieuse pour un instituteur ou un modeste fonctionnaire retraité, et qu'il n'est pas nécessaire de posséder des aptitudes si complètes pour faire un secrétaire de mairie dans une commune peu importante.

Art. 96 et 97. — Sans changement.

Art. 98. — En cas de refus du maire, non justifié par l'intérêt général, de délivrer une permission de voirie, cette permission peut, à présent, être délivrée par le préfet.

Dorénavant, le sous-préfet serait compétent. Avant la loi de 1884, le Conseil d'État décidait qu'un préfet commettait un exès de pouvoirs en autorisant, *malgré les refus du maire,* un particulier à construire un aqueduc sous un chemin vicinal ordinaire (Conseil d'État 10 déc. 1880).

Après la loi de 1884, ce même Conseil d'État décidait le contraire (Conseil d'État, 27 mai 1887).

Art. 99. — Le sous-préfet pourrait prendre à l'avenir des arrêtés réglementaires pour plusieurs ou pour l'ensemble des communes de son arrondissement, à charge d'en rendre compte au préfet.

N'y a-t-il pas lieu de craindre bien des diversités d'arrêtés dans un même département ?

Nous serions tenté de demander sur ce point le *statu quo.* Et voici pourquoi : c'est que la loi du 5 avril 1884 a voulu supprimer le pouvoir discrétionnaire que le maire avait en pareil cas et faire du préfet un juge d'appel. L'arrêté du préfet est alors un acte d'administration qui ne peut être attaqué que pour excès de pouvoirs. Le sous-préfet sera-t-il vraiment ce juge d'appel, et ne va-t-on pas multiplier les demandes d'annulation pour excès de pouvoirs? Je tenais, Messieurs, à soumettre ces réflexions à vos méditations.

Art. 100. — Plusieurs communes pourraient s'associer pour entretenir à frais communs un garde champêtre qui serait nommé par le sous-préfet sur le vu des propositions des maires de ces communes. — Les gardes intercommunaux seraient suspendus par le sous-préfet. Le sous-préfet pourrait révoquer les gardes champêtres, sauf recours suspensif dans les cinq jours, auprès du préfet qui statuerait définitivement.

Aujourd'hui le préfet possède, seul le droit de révocation.

Cette modification ne constitue pas un bien grand progrès, il faut l'avouer, et nous ne voyons pas, dans un conflit entre un maire et le sous-préfet, à propos d'un garde champêtre, le préfet statuant définitivement sur recours, donner tort à son sous-préfet.

Nous préférerions l'avis de M. Herriot : « Je pense, dit-il, qu'il n'y aurait rien d'excessif à réclamer pour le maire le droit de nommer lui-même et complètement, ce modeste fonctionnaire (1). »

Art. 101-102. — Sans changement.

Art. 103. — Transporte du préfet au sous-préfet le droit de révocation des inspecteurs, brigadiers et agents de police, sauf recours au préfet, comme pour les gardes champêtres.

Celui qui n'a jamais été maire ne peut se douter combien ce magistrat est désarmé vis-à-vis de la police municipale. L'agent sait bien que le maire ne peut le révoquer et il sait aussi qu'il a plus d'intérêt à ménager son chef direct, le commissaire de police, que le maire (2).

Et puisqu'on veut faire une loi en faveur des libertés communales, il me semble que le point de vue, que je ne fais qu'effleurer ici, pourrait être étudié très utilement, en partant de ce principe qu'un maire étant responsable devrait avoir à sa disposition les sanctions nécessaires, qu'il ait le droit de suspension, soit, mais aussi de révocation.

Art. 104-105. — Sans changement.

Art. 106. — Maintien des règles actuelles relatives à la responsabilité des communes pour des dégâts et dommages résultant des crimes ou délits commis à force ouverte ou par violence sur leur territoire, par des attroupements armés ou non armés, soit envers les personnes, soit contre les propriétés publiques ou privées.

Toutefois, exonération, à l'égard de la partie qui a obtenu condamnation contre la commune, des impositions ou taxes qui seraient établies pour le paiement de la dépense.

---

(1) L'Association nationale des Maires de France proposait ceci :

Toute commune peut avoir un ou plusieurs gardes champêtres.

Les gardes champêtres sont nommés par le maire : ils doivent avoir accompli leur service militaire, être âgés de 25 ans, de bonne vie et mœurs et n'exercer aucune profession soumise à la surveillance de la police municipale.

Le droit d'agrément est réservé au président du tribunal civil de l'arrondissement, dont les refus motivés devront être rendus en chambre du conseil, le maire dûment appelé, et notifiés dans le délai d'un mois. Ce délai expiré sans réponse emportera agrément. Le droit de révocation motivée est réservé au maire, sauf recours de droit commun en Conseil d'État.

(2) Dans certaines villes, des agents de police sont chargés de surveiller tous les actes du maire. Ce n'est pourtant pas pour cela que les contribuables paient ces agents.

Art. 107. — Maintien d'une disposition très intéressante. La responsabilité de la commune est dégagée lorsque les dommages causés sont le résultat d'un fait de guerre.

Art. 108. — Les nouvelles dispositions projetées sont à citer en entier :

L'État contribue pour moitié, en vertu du risque social, au paiement des indemnités accordées aux victimes des crimes et délits visés par l'article 106.

Toutefois, si la municipalité a manqué à ses devoirs par inertie ou connivence avec les émeutiers, l'État peut exercer un recours, à concurrence de 50 °/₀ des sommes mises à sa charge par le paragraphe précédent.

Si, au contraire, la commune n'a pas la disposition de la police locale ni de la force armée, ou si elle a pris toutes les mesures en son pouvoir à l'effet de prévenir ou de réprimer les troubles, elle peut exercer un recours contre l'État, dans les mêmes proportions.

Dans l'un ou l'autre cas, le recours est porté devant le Conseil d'État qui juge sans frais, ni droits de timbre, ni ministère obligatoire d'avocat.

L'État, la commune ou les communes déclarés responsables peuvent exercer un recours contre les auteurs ou les complices du désordre.

Ces dispositions intéressent au plus haut degré les communes, puisqu'elles prévoient le concours financier de l'État, ce qui n'existe pas actuellement.

L'Article 109 trace la procédure en matière de dommages.

Les tribunaux statuent comme en matière sommaire. Les indemnités sont versées par l'État aux ayants droit dans le mois qui suit l'expertise acceptée ou le jugement en dernier ressort qui en a fixé le montant.

Il y a là, disons-le en passant, un certain bouleversement des règles ordinaires de la procédure.

Cet article 109, ainsi que les articles 106, 107 et 108, sont applicables à la ville de Paris.

Art. 110. — Sans changement.

Art. 111. — Dans l'état actuel de la législation, un décret en Conseil d'État est toujours nécessaire pour statuer sur l'acceptation de libéralités faites à un hameau ou quartier d'une commune.

Le nouveau texte stipule que l'acceptation des libéralités de l'espèce sera autorisée par le préfet, s'il y a accord entre la commission syndicale et le Conseil municipal.

S'il y a désaccord, ce sera, comme aujourd'hui, par décret rendu en Conseil d'État.

Art. 115. — Les nouvelles dispositions sont caractérisées par un large esprit de *déconcentration*.

Aujourd'hui, pour les villes dont les revenus ont dépassé 3 millions, Nancy par exemple, aucun marché de travaux comportant une dépense *de plus de 300 francs* ne peut être approuvé que par *décret présidentiel !!!*

Tout d'abord cette limite de 3 millions serait portée à 5 millions.

Puis, même pour les villes ayant 5 millions de revenus ordinaires, le préfet approuverait les marchés dont le chiffre n'excède pas 100 000 francs lorsque le crédit nécessaire a été régulièrement ouvert par décret présidentiel.

A citer entièrement les dispositions suivantes :

Les communes peuvent traiter de gré à gré, sauf approbation de l'autorité compétente, pour les travaux et fournitures quelconques dont la valeur n'excède pas 2 000 francs lorsque le revenu de la commune n'est pas supérieur à 10 000 francs. — 5 000 francs, lorsque ce revenu supérieur à 10 000 francs n'est pas supérieur à 100 000 francs. — 10 000 francs, lorsqu'il est supérieur à 100 000 francs et n'excède pas 1 million. — 20 000 francs, lorsqu'il est supérieur à 1 million et inférieur à 5 millions. — 100 000 francs lorsqu'il atteint 5 millions.

La délibération du Conseil municipal devra désigner les deux conseillers municipaux chargés d'assister le maire pour la réception des travaux ou fournitures. Le receveur municipal exigera, pour le paiement, que cette délibération soit produite avec le mémoire et le procès-verbal de réception. Les dispositions de l'ordonnance du 14 novembre 1837, non contraires à la présente loi, continueront à s'appliquer aux marchés de gré à gré des communes et des établissements communaux.

Enfin, l'approbation de traité, relatif aux pompes funèbres, soumise aujourd'hui à l'appréciation du Président de la République, pour les villes ayant plus de 3 millions de revenus, serait donnée par le préfet, dans tous les cas.

Notons en passant, Messieurs, que déjà un effort avait été tenté dans ce sens avant 1884.

Le projet *primitif* de la loi du 5 avril 1884, contenait en effet cet article :

« Les traités de gré à gré à passer pour l'exécution, par entreprise, des travaux d'ouverture des voies publiques, et de tous autres travaux déclarés d'utilité publique, sont approuvés par le préfet. »

Mais la Commission du Sénat, devant les critiques de M. Clément qui demandait le retour aux règles protectrices tracées dans l'ordonnance du 14 novembre 1837, se rangea à son opinion et proposa l'article 115 qui nous régit à l'heure actuelle.

Nous ne pouvons qu'approuver sans réserve la modification proposée à l'article 115, et je citerai encore sur ce point l'opinion de M. Herriot :

« Est-il exagéré de demander qu'on nous ramène au moins au régime du décret de 1852 ? Ne serait-il pas utile, pour les ministères eux-mêmes, de les décharger d'une foule d'affaires qui les encombrent ? N'est-il pas absurde que le préfet approuve des traités très importants passés par une ville ayant 2 millions de revenus, tandis que le moindre traité passé par une ville à 3 millions de revenus doit être approuvé par décret ?

« Les modifications administratives apportées à ce régime n'ont fait qu'augmenter cette anarchie. Je pourrais emprunter aux affaires de la ville de Lyon des exemples saisissants : je pourrais montrer l'intervention gouvernementale provoquée pour des travaux d'urinoirs ; 1.100 francs pour une réparation de calorifère, 2 500 francs pour etc.....

« Il en est de même pour le budget. »

Art. 116 à 128. — Sans changement.

Art. 129. — En cas d'action judiciaire à engager par une section contre la commune, il appartiendrait dorénavant au sous-préfet, et non plus au préfet, de convoquer les électeurs pour la nomination d'une commission syndicale.

Art. 130. — Lorsque le Conseil municipal se trouve réduit à moins du tiers de ses membres, par suite de l'abstention prescrite par l'article 64 (1), des conseillers municipaux qui sont intéressés à la jouissance des biens et droits revendiqués par une section, le sous-

(1) Article 64. — Sont annulables les délibérations auxquelles auraient pris part des membres du conseil intéressés, soit en leur nom personnel, soit comme mandataires, à l'affaire qui en a fait l'objet.

préfet convoque les électeurs de la commune, déduction faite de ceux qui habitent ou sont propriétaires sur le territoire de la section, à l'effet d'élire ceux d'entre eux qui doivent prendre part aux délibérations au lieu et place des conseillers municipaux obligés de s'abstenir.

Art. 132. — Sans changement.

Art. 133. — Rien de changé aux douze premiers alinéas.

A signaler au 13e alinéa, une modification : L'établissement des taxes de balayage serait autorisé par arrêté préfectoral, et non plus par décret rendu en Conseil d'État.

La révison de la taxe sur les chiens résulterait d'une simple délibération du Conseil général, alors qu'elle nécessite aujourd'hui un décret. Encore !

Art. 134, 135, 136. — Sans changement.

Art. 137. — Un décret en Conseil d'État, et non plus une loi, autoriserait les surtaxes d'octroi sur les vins, cidres, poirés, hydromels et alcools au delà des proportions déterminées par les lois spéciales concernant les droits d'entrée du Trésor.

D'autre part, un arrêté préfectoral, et non plus un décret en Conseil d'État, autoriserait, après avis du Conseil général ou de la Commission départementale, si l'avis du directeur des Contributions indirectes est favorable :

1° Les modifications aux règlements opérées conformément aux dispositions des modèles approuvés par le ministre des Finances après avis de la section des finances du Conseil d'État ;

2° La création et le déplacement des bureaux de perception, lorsque l'emplacement des bureaux est situé dans le périmètre de l'octroi, et que les frais annuels de perception de l'octroi, y compris ceux des nouveaux bureaux, ne dépassent pas 12 °/o des recettes ;

3° La fixation des minima d'entrepôt, lorsqu'elle correspond à des quantités qui ne représentent pas une somme de droits supérieure à 10 francs pour les entrées et à 1 franc pour les sorties.

4° La modification aux périmètres existant dans les conditions qui seront fixées par un règlement d'administration publique, et sauf le cas de réclamation de la part des intéressés.

Cet article 137, ainsi modifié, présente de sérieuses améliorations sur l'ancien.

Art. 138, 139. — Sans changement.

L'Article 140 de la loi du 5 avril 1884 concernant les taxes particulières dues par les habitants au propriétaire en vertu des lois et des usages locaux, prescrit que ces taxes soient réparties par une délibération du Conseil municipal approuvée par le préfet.

M. Ferdinand Dreyfus propose de charger le sous-préfet de cette approbation. Pas d'observations !

ART. 141 à 144. — Sans changement.

ART. 145. — Aujourd'hui le préfet règle le budget de toutes les communes, à l'exception de ceux des villes dont les revenus ordinaires dépassent 3 millions, pour lesquelles un décret est nécessaire.

D'après les nouvelles dispositions, les autorités chargées du règlement du budget seraient :

1° Le Président de la République, statuant sur la proposition du ministre de l'Intérieur, pour les villes dont le revenu atteint 5 millions de francs ;

2° Le préfet, pour les communes dont le revenu, inférieur à 5 millions, dépasse 10 000 francs ;

3° Le sous-préfet, pour les communes dont le revenu ne dépasse pas 10 000 francs.

C'est une amélioration, certes !

Mais que vient encore faire le Président de la République dans les règlements des budgets des villes ayant plus de 5 millions de revenus ?

Et le nouveau pouvoir donné au sous-préfet est-il bien sérieux ? Il n'aura jamais le droit que d'apposer sa signature au bas des budgets, sans observation, puisque, si les dépenses obligatoires n'ont pas été portées, elles ne pourront être ajoutées que par le préfet, et que c'est encore le préfet qui établira les budgets pour les communes qui auront négligé de le faire (1). Alors, le sous-préfet ne semble avoir qu'un rôle bien effacé.

En effet l'ARTICLE 148 ne comporte que des modifications de pure forme, tenant compte de la compétence donnée au sous-préfet et rappelée ci-dessus.

L'ARTICLE 149 accorde compétence au préfet dans *tous les cas* où il y a lieu d'inscrire d'office un crédit à un budget, sauf lorsqu'il s'agit d'ouvrir un crédit de 5 000 francs pour une ville ayant plus de 5 millions de revenus ordinaires.

(1) Conseil général de la Seine-Inférieure.

Actuellement cette inscription ne peut être faite que par l'autorité qui règle le budget.

Art. 150. — A défaut de vote d'un budget par le Conseil municipal, le préfet règle le budget en Conseil de préfecture sur la proposition du sous-préfet, si celui-ci est compétent pour régler ledit budget.

Et revenant alors sur les observations que nous présentions à propos des modifications de l'article 145, il m'a semblé que M. le Dr Valentino, conseiller général de Seine-Inférieure, maire de Graville, était dans le vrai, lorsqu'il déclarait à ses collègues, au nom de la 1re commission de cette assemblée départementale :

« Il nous paraît y avoir dans ces dispositions proposées par M. F. Dreyfus une certaine incoordination, et nous voudrions voir poser des règles simples et non contradictoires.

« Nous demanderions :

« 1° Que le budget fût toujours réglé par le préfet ou le sous-préfet, car il ne nous paraît pas utile de faire intervenir le Président de la République dans les affaires aussi simples et aussi coutumières que celles du règlement du budget ;

« 2° Que les dépenses obligatoires non portées au budget fussent inscrites d'office par le préfet ou le sous-préfet sans qu'il soit besoin d'avoir recours ni au Président de la République ni au Conseil de préfecture, ni à une délibération spéciale du Conseil municipal, étant donné qu'il n'y a pas de discussion possible concernant l'application des lois qui ont imposé aux communes de faire face obligatoirement à certaines dépenses déterminées. Et c'est justement le rôle des préfets et sous-préfets, qui sont les représentants locaux du pouvoir central, de veiller à l'application des lois ;

« 3° Que la suppression ou la réduction de dépenses portées au budget ne pussent au contraire être faites par le préfet ou le sous-préfet qu'après observations adressées à l'Administration municipale, la suppression ou la réduction de dépenses votées par le Conseil étant autrement importantes que la simple inscription au budget de dépenses obligatoires, puisqu'il s'agit en réalité de contester des prévisions que le Conseil municipal a voulu faire en vertu des pouvoirs d'administration qui lui sont légalement conférés...

« ...L'Administration municipale devrait alors délibérer sur les observations de l'autorité supérieure et ce n'est qu'après avoir été mis en possession de cette délibération que le préfet ou le sous-préfet pourrait alors ordonner la suppression ou la réduction des crédits soumis à contestation, par un arrêté motivé contre lequel un recours serait d'ailleurs ouvert au Conseil d'État. »

Et puis, pourquoi fixer toujours le revenu d'une ville d'après le chiffre de ses recettes ordinaires.

Les recettes extraordinaires ne sont-elles pas plutôt une menace pour le contribuable, et ne serait-ce pas plutôt cette menace qui devrait attirer plus particulièrement l'attention et la surveillance de l'autorité supérieure ?

ART. 151. — Le sous-préfet serait compétent pour approuver, comme pour les budgets, les comptes des communes ayant moins de 10 000 francs de revenu.

ART. 152. — Le sous-préfet deviendrait aussi compétent pour ordonnancer d'office une dépense régulièrement autorisée et liquide si le revenu de sa commune ne dépasse pas 10 000 francs.

Telles sont, Messieurs, les diverses modifications de la proposition de loi.

Vous avez à émettre un avis !

Ah certes, cette consultation ne doit pas porter sur les détails, sur l'intérêt qu'il pourrait y avoir à insérer dans un article telle ou telle clause spéciale, telle ou telle expression. Nous n'avons pas à élaborer un texte de loi.

C'est un avis de principe qui vous est demandé.

Et maintenant que vous connaissez par cette rapide étude d'un sujet aussi complexe l'ensemble des dispositions nouvelles, vous pouvez *voir de haut* et conclure.

Mais quel que soit votre sentiment actuel, laissez-moi encore vous demander de vouloir bien attirer l'attention du législateur sur l'importance énorme que vont prendre, tout à coup, les sous-préfectures, mal préparées, et comme je le disais en août dernier, mal outillées. Ce bouleversement atteindra bien des intérêts, ne l'oublions pas.

Sans doute au premier abord, l'on se dit qu'en divisant la besogne, cela va aller plus vite — et puis on ira au plus près. Les 600 budgets des 600 communes de notre département qui affluaient au même moment à la préfecture vont être retenus en grand nombre aux sous-préfectures de Toul, Lunéville, Briey, car les budgets de 10 000 francs ne sont pas si communs. La Préfecture sera décongestionnée... Oui, c'est vrai.

Mais si des difficultés surgissent dans l'une de ces sous-préfectures à propos des finances communales, s'il faut procéder à certaines vérifications auprès du service vicinal, de la trésorerie générale, de la Direction des Contributions directes, il faudra écrire, téléphoner, prendre le train... pour venir à la préfecture, pour aller au service vicinal, pour aller à la trésorerie, etc., tandis qu'au chef-lieu, on avait tout sous la main.

Et puis même les questions de droit administratif, souvent très délicates, qu'une pratique constante permet de résoudre immédiatement, comment bien des sous-préfets (je ne parle pas des éminents administrateurs de Briey, Toul et Lunéville) feront-ils, sans bibliothèque spéciale, sans archives, sans conseils éclairés, pour remplacer les services de la préfecture? — Ils prendront leur avis. — Alors je ne vois pas très bien ce qu'il y aura de changé.

Enfin, il me semble que les sous-préfectures actuelles, si elles se contentent de 2, 3, 4 employés, ne pourront, sans augmenter le nombre de ceux-ci, suffire à la tâche que le projet compte leur donner. Les préfectures ne diminueront pas pour cela le nombre des leurs. Résultat : un certain nombre de traitements à ajouter, au moins partiellement, au budget des dépenses du département.

Cette objection a sa valeur je crois, et je ne vois pour y remédier qu'un moyen. — Il est simple, — il est demandé à cor et à cris depuis longtemps par bien des maires, — il est surtout économique, et facile à pratiquer, ce serait de diminuer la paperasserie, de simplifier l'administration communale, de décongestionner les mairies de toutes ces pièces qu'on exige d'elles, qu'on leur adresse, ou qu'on leur retourne — le tout, d'*urgence* presque toujours.

Sous ces réserves, sous celles que j'ai indiquées dans le cours de ce travail en étudiant les différentes modifications apportées à l'état de choses actuel, j'estime que le Conseil général peut donner un *avis d'ensemble* favorable à la proposition de loi de M. F. Dreyfus.

C'est lui qui a écrit : Les institutions communales sont à la liberté ce que les écoles primaires sont à la science. Elles la mettent à la portée du peuple, lui en font goûter l'usage possible et l'habituent à s'en servir.

Et qu'il nous soit permis d'ajouter avec M. Herriot que j'ai cité plusieurs fois déjà : Une bonne loi communale doit provoquer l'initiative et non la restreindre, assurer l'exécution des charges publiques et des intérêts généraux, mais réserver au profit d'assemblées locales, constamment soumises au contrôle le plus sévère et le plus efficace, la libre gestion des affaires locales. Amoindrir la liberté de cette gestion, c'est atteindre les droits mêmes du suffrage.

C'est dans la commune — a dit de Tocqueville — que réside la force des peuples libres. On peut ajouter : c'est par la commune que se fera leur éducation.

NANCY-PARIS, IMPRIMERIE BERGER-LEVRAULT

www.ingramcontent.com/pod-product-compliance
Ingram Content Group UK Ltd.
Pitfield, Milton Keynes, MK11 3LW, UK
UKHW021043220726
13924UKWH00001B/496